Te dije mil veces adiós

y

CARTA DE DESPEDIDA

Te dije mil veces adiós
y
CARTA
DE
DESPEDIDA

Merlys D. Corpas

Te dije mil veces adiós y carta de despedida

www.eriginalbooks.com
www.eriginalbooks.net

ISBN-13: 978-1-61370-978-8

Printed in the United States of America

Para el amor de mi vida.
Mi madre

1

Tristezas y olvidos

Tristeza,
llama que quema mis entrañas.

Necesito su abrazo,
su ternura y sus besos.

Pero él ya no está…
se ha ido.

Juez que me condena,
delirio que me ataca.
Enfermedad que deprime.

El telón cayó,
la escena se acaba:
descontrol y furia.

Me lastiman las faltas.
Voz que necesito.

Me queda...
mi sufrir y su abandono.

Dile que se llevó mi esencia.

Dile que está tatuado en mi alma,
que mi luz se fue aquel día.

Que lo extraño,
que estoy muerta en vida.

Mundos que se hicieron pedazos,
mis sueños y su alegría.

Al romperse el cristal
de su corazón y el mío.
Esparcidos al aliento
sentimientos heridos.

Miradas perdidas,
fantasmas rezando en el silencio.

Su adiós tarareaba una copla
la de la despedida.

Y yo frenética lloraba,
lloraba, enloquecida.
¡Su olvido!

2

Quiero mi silencio

Ausencia de todo
silencio que atraviesa como espada
mentes carentes de sueños... vacíos
huida y apatía, muecas...
rostros de frentes desconocidos,
pactos rotos, que estallan,
ojos que laten de insomnio
y la noche del desvelo.

Quiero soltar y no puedo,
dividir zozobra,
ruego al espacio
que se lleve la distancia de las horas.
Memorias escritas
con la humedad del frío.
Caballos que trotan
donde tierra y cielo se unen,
que levantan fango
y traen sonidos lejanos,
ecos que interrumpen.

Quiero el silencio,
aprendo a escucharme,
te dejo vivir,
te doy espacios,
lo que se aprieta se ahoga,

que más luchas que mis luchas,
que más amores que mis desamores.
¡Sí! ¡quiero el silencio!
¡porque me escucho!
¡porque soy yo!
porque me necesito...
porque te necesito.

3

Te alejarás

Te alejarás, con sentimientos cargados de nostalgias,
con el juicio inclinándose de tristeza,
como quien hace caminos sin mirar el horizonte,
enredados entre tus piernas sin fuerzas.

Te alejarás de la rabia injusta, de la cólera sin razones
hasta que el cansancio de la soledad te aparte
y volverán a encontrar la luz tus ojos de llantos
y desaparecerán los fracasos enterrados,
las miserias que te hicieron daño,
y las estrellas, como rosas en las noches,
inundarán de colores como arco iris
en la inmensidad del vacío.

Entonces entenderás que los tiempos se acaban
pero todo final es un principio.
Otra vez volverán las esperanzas y una vez más
también volverán los sufrimientos,
porque nada es perfecto,
porque solo en la eternidad no existe el defecto.

4

Manos

Duelen las manos
cuando no encuentran su abrazo,
duelen al unirse,
estrangulan lo ardiente de las pasiones,
gritan desesperadas de auxilio,
se estrechan dolientes,
casi se asfixian,
ilusas tratan de aplastar
las ansiedades e ilusiones,
sofocan angustias reprimidas,
reunidas de amarguras.
Ayer sentí el vacío de tu piel en mis manos,
lo extraño que es vivir
si te escondes de mis deseos,
la necesidad de tu abrazo, tu memoria,
sentí desfallecer...
fui rea en tu tiempo
ayer, las palmas de mis manos
volvieron a recordarte,
adivinaron dónde dormía tu pelo,
el silencio que abrazaba tu cuerpo,
lo rojo de tus labios,
por quién se morían tus besos.
Si ayer tu cara fue mi espejo, ayer...
ayer me di cuenta
que tu amor por mí fue mi único sueño.

5

Si pudieras

Si pudieras entender
que por fe abres tus ojos todos los días,
que duermes seguro
sabiendo que los abrirás mañana.
Si pudieras comprender
que el mundo camina si tú lo haces.
Porque, ¿qué puede existir si tú no lo sientes?
Si quisieras volver a vivir
te darías cuenta que aun perdiendo
siempre se gana.

6

Qué me importa

Mi mundo se hace rectas
como los cometas en los cielos.
En la comisura de tus labios suaves
sigo las líneas de tu piel y tu cuerpo,
a veces sueles ser tan diferente
y te veo con la sonrisa perfecta
entre tus blancos dientes casi iguales
y la noche se hace espejo para el recuerdo
y el universo se hace pequeño,
los animales abandonan las madrigueras,
buscan en su cara el aire fresco
y salen y respiran de este amor nuestro.

En la lentitud de mis horas
invades los momentos
lentos, serenos, tiernos,
llueves en lo dulce de mi tiempo,
continúas mi todo, la nada perece.

Imaginando placeres
allá en la playa levanta remolinos el viento,
los barcos tejen olas en los océanos
y los ríos y el mar se encuentran atrapados entre riscos,
con afluentes perfumados de caricias,
y se tocan y su calor se incrusta reconociéndose.
Y pienso, pienso:
"¡Yo me quedo, yo me quedo contigo!"

Y me planto en la esquina de tus ojos,
entre mis perdidos amuletos
con colores de primaveras,
el aire es más suave con tu recuerdo,
la alegría va saltando casi silente
escondiendo el sonido de los ecos,
y te quiero y te sigo queriendo
remojados los placeres,
latiendo el amor, bordeando siluetas
como las aves en el mar,
tiritan las corrientes de contentas,
en las oscuridades de los sótanos
en las plegarias del maestro
en los terrenos aplastados de cementos
en los cuentos de nobles y embusteros
en los árboles y su humedad
en la tierra seca, en los helechos
te tengo mucho, en los pocos que te tengo
te tengo, porque vives en mis manos,
como néctar del pensamiento
me embarras de amor por dentro
y te pinto poco a poco y no me freno,
efímero es el lamento,
¿quién ennoblece las discusiones de los imperfectos?
y qué me puede importar
si hueles a jazmín o a fragancia de invierno
si el amor es más que eso
o si sueñas o se maquillan de realidad los espectros,
el run run de los sabios,

los fantasmas en los espejos,
las estrellas apagadas o la luna que brilla,
qué me importa, qué me puede importar
si te quiero, si te amo y no me arrepiento.

7

Engañando a tu espejo

Me clavaste una estaca en el pecho
justificando que robaba tu alma,
traicionaste entre tus vicios mis recuerdos,
mi inocencia dio un salto,
pudo mirar desde arriba
tus mentiras y engaños,
tras tu cortina de encajes
sangrando mi corazón lloraba,
ignoraste mis pasiones,
mis dolores, mis sustos y mis lamentos.

Fuiste cruel, fuiste niebla,
dolor y sufrimiento,
no recogeré más los pedazos de tus fracasos
ni tus sueños acabados
ni tu cama alborotada
ni tus momentos de placeres.

Que te perdone tu realidad,
que te perdone quien ahora acuna tus sueños,
mis lágrimas, mis lágrimas no te importaban,
danzabas con mis lamentos,
construías con tu otro amor el universo,
¿quién te dijo que no te amaba?
¿quién te dijo que no vivía por ti?
ahora escucha los consejos de viejos

que te den la mano como los alcahuetes,
que te presten su oído, que te arrullen
con sus fábulas e infundios,
que te enseñen a vivir sin la fatiga
de mi amor, sin este amor
que más que amor
fue tu espejo.

8

Tu amor

Este amor que me pesa y que me ama,
que me eleva, que me enciende y que me apaga,
que me mata la alegría y la risa,
que se funde en mi espalda con sus caricias,
loca de amor, loca de ti, de los besos
apasionados y tristes
de tu boca, que es como rocío en primavera,
tu boca que sabe de magia y de cuentos,
de ternuras de manos de prestidigitador,
que conoce mi cuerpo y mi alma.

Pasión de mi mundo y universo
el corazón que duerme en mi cama,
la sabiduría que me lleva presa,
que desespera y me calma,
que me matan los celos y es que muero,
que te amarras en mis entrañas,
saturas mi piel en cada roce,
tú que acaricias mis deseos,
que me fundes con tus besos,
me tienes atada a ti,
me tienes atada a tu encuentro,
a la ternura del alba, a la rabia en lo insatisfecho,
tú, eres mi todo y mi nada,
el principio de mí, la angustia de mí,
el temblor de mi piel cuando por ti resbala,

escalofrío con el que despierto,
la razón, la espera, mi día,
la canción más triste, mi alegría,
la risa que no existe todavía,
me atas, me amarras, me cubres, me llenas.

Alma y sentidos, sentimientos y alma
corazón, por ti estoy viviendo,
soñando entre tus abrazos lentos,
lamento mis horas sin ti,
lamento mi vida sin ti,
te extraño, te espero,
ahora sé que me amas,
a pesar de mis infiernos
ya no temo, ya no te pierdo.

9

Qué sé yo

Blanca es tu palabra
como la savia de los amores,
preludio del dolor que ciega,
acústica de mis letrillas
vibrantes como atabal.

A golpes, los latidos del corazón
que edita su voz en el aire,
se inclinan las arrebatadoras pasiones.

Fuiste el ángel de mis espacios,
era la quieta suerte, la que esperaba por ti,
la que quiso acariciarte el alma
tejiendo con amor tu cuerpo en su abrazo.

Caricias de rocíos que suavizan el silencio y el hastío
y a tu voz se sumaba el embrujo,
que me adormecía entre sus brazos
y planté ternuras confinando rencores
para que no te hiriera el llanto
ni una lágrima te nublara con su túnica
y te cuidé tanto, como por encargo,
es más, hasta teñí de arco iris tu aura,
llegué a sentir tu fragancia
y no te conocía,
te cuidé tanto que nadie pudo dañarte,

porque aun en la distancia
mi alma a ti llegaba
en mis plegarias, en mis oraciones.

Me dolían las coplas
si pretendían tu llanto,
pero ya ves que mis esmeros
se pierden entre romanzas,
corrió la copla más que la luz
y no es tu voz quien me habla,
pero el simulacro no cesa
y las penas y mis premuras
y mis seguidas vigilias,
sin saberlo y para tu consuelo
te llevas en cada día
un pedazo de mi cielo.

10

Letargo

No hay nada peor que sentir
que estás pero parece que te has ido,
que el aire ha borrado hasta tu sombra,
que lo bueno o lo malo es invisible,
que ni el calor ni la humedad te toca.
No hay nada peor que la letanía,
que los círculos viciados
por pistas llenas del polvo
que levantan nubes y respiras fango,
no hay nada peor que estar
pero parece que te has ido,
que te enmarcan como
postales antiguas.
Oxidada por momentos viejos,
no hay nada peor que no saber
por qué vivir ni lo que sientes.

11

Yo solo tenía su amor

Yo solo tenía su amor
un amor que en sus sueños se moría.
Yo solo tenía su amor
abrazando su calor yo vivía.
Yo solo tenía su amor
a quien cuidaba y creía.
Yo solo tenía su amor
nadie más me quería,
pero se me fue, se fue un día.
Un día triste olvidó
lo que por su amor yo sufría.
Yo solo tenía su amor
y por otra se moría.
Yo solo tenía su amor,
que yo amaba
con toda el alma mía.
Y se me fue, se fue y es mi vida.
Yo solo tenía su amor
y me dejó, sin importarle
lo que por su amor padecía.
Yo solo tenía su amor
y me dejó, sí, me dejó sin saber
que por él… que yo por él
la vida daría.

12

Otra vez

Otra vez vuelves a revolotear en mi cabeza,
vuelves a hurtadillas, sigiloso,
mostrándote a ratos silencioso
y tu risa a mi alegría contagia
y me da fuerzas para vivir un nuevo día.
Llegas así, de imprevisto,
con la esperanza marcando tu cara
y alivias a mi vida los pesares
coloreando mi cielo con la magia de tus versos.
Es tu recuerdo el que late escondido aquí en mi pecho.
Tú aligeras mi equipaje en el regreso
y espero tu voz que me llama,
que me da vida,
que me aclara mi mañana,
que pone ungüento a mis heridas,
que me entiende y que me habla,
que me acaricia con su voz,
que confía en mí sin exigir nada.
El sol va iluminando mi cama,
ese que me despierta,
que tiñe de blanco oscuridades pasadas.

13

Balanzas

A pesar de lo que había sufrido,
de no confiar ni en el sol,
te he entregado más de lo que puedo y fui
y te confundes y me matas
y me haces daño con juicios,
imaginas fantasmas donde solo existe el fin,
yo que te he dado más de lo podía esperar,
que respiro cada instante que a tu lado viví,
no te importa, y por etapas
me lastimas hasta herir,
pones candado a tu garganta,
ignoras lo que padezco
y esta pena que quema a mi alma
la enciendes como un volcán.
Y yo no puedo vivir en la incertidumbre
de todas tus ansiedades
y oscilas y me asustas
mordiendo mi corazón,
sacando sangre de mis huesos,
machacando mis sentimientos,
moliendo cada razón,
llenándome de melancolía,
haciendo brillar mis cobardías y mis miedos.
Acabando con mi amor.
No voy a dar más plazos ni fechas
ni finales ni victorias,

pero tus angustias no las vas a sembrar en mis alegrías
ni en mis llantos,
culpa no tengo, sí muchos dolores,
pasiones acabadas que naufragaron en los años,
pero un día al fin se hundieron.
No quiero más barcos a la deriva
sin un mapa, sin una estrella polar
no quiero, no quiero deterioro ni compasión.
Estoy cansada de novelas
o amores con finales de ficción,
si cuesta creer en lo que siento,
si no sientes lo que siento yo,
mejor es dejar de vagar por los sueños
y no demandes más de lo que tú entregas hoy.
Porque en el amor hay balanzas,
si se inclina a un lado o al otro
siempre hay un perdedor,
y esa, te juro por Dios, no quiero ser yo.

14

Yo

La conciencia dispara sentimientos, rebeldes los miedos reciclan esperanzas, sacan conclusiones a favor y en contra, y la conciencia a veces se calla, y es que no quieres escucharla.

Las aflicciones son lamentables, se hace notorio que retroceden ante el error, pero no hay garantías. Si las culpas se multiplican vuelven a ser raudales en cada vocablo, entonces prefieres al silencio con sus ecos.

Silencio y soledad como siempre de la mano, vientos huracanados que dejan solo desiertos, la impotencia llama a la puerta y el dolor no quiere darle su bienvenida, espera que el tiempo le arrebate sus lágrimas, espera que se olviden sus penas.

Tengo mis manos vacías, solo de dar
un corazón cansado que cuenta las horas,
la alegría, fuente de mi vida,
y a ratos mi melancolía,
llevo conmigo una película triste
con música de un soñador.
Y así he vivido tranquila
aunque no lo entienda la razón.

Parece que al contar, se cuenta poco
y siempre se resta al menor,
y cuando la materia confunde,
estas razones no te hacen mejor.

Y mi espíritu
es la fuerza que me mantiene viva,
la que me hace sensible,
la que me abraza y me empuja
la que me calma en mi enojo
las palabras que salen del alma,
esa de la que habla el amor.

Por eso quiero que seas feliz,
y que el amor y la paz
encuentren a tu corazón.

15

Campanas del silencio

Vastas llanuras y repletos montes,
concreto y acera, mano y hombre,
hierba y corazón, pasión y naturaleza
y mi antigua pena hace su cita,
escondida siempre como la vergüenza
y las llamadas esperanzas se amontonan
como hojas secas del otoño,
sonido que llega de lejos como rumores,
rumores que hablan de ti
y siembran inquietudes
y la imaginación crea
burbujas de alegría en la noche.
Flotan en su atmosfera, saltan caprichosas
y son como el viento, transparente, solo se sienten
y se rompen al sol que quiebra las mentiras,
artilugios entre las líneas de unas blancas manos.
Caminos que cumplieron sus propósitos,
el amor se enamora, se funde y no entiende,
se equivoca, vuela inadvertido,
campanas del silencio,
partes de un corazón que se hace un rompecabezas,
los mismos sueños interrumpidos y ciegos,
los mismos paisajes, estáticos, burlones,
que te engatusan,
y a esa salida emergente
se te olvida y no le quitas el cierre

y quedo como siempre atrapada,
encerrada inventando ficciones,
confundida como los reflejos de mariposas,
como un canto a sueños desahuciados,
la raíz de un doloroso secreto
penetra más la llaga,
el alma llora, con sus lágrimas transparentes
grita sin que nadie le escuche.
A pesar de su eco, no consigue el alivio.

16

Tú con ella

Voy a tu lado y a tu lado está otra
sumando momentos a tu existencia,
acomodo el tiempo mirando tus ojos,
que viven frente a mí en un pasado roto,
prefieres tu seguridad sin riegos,
pero yo elijo vivir con la lucidez de un loco.
Delirando con tu nombre
en mis noches sin sueños,
contemplando tu imagen
entre soles que duermen.
Te agotas escuchando una voz,
esa, esa que te habla de amor,
esa que se muere de amor,
esa que de tu amor está viviendo
y la ganancia a los años es poca,
no hay amor que arranque de ti
esa lástima que vive en tus ojos,
que te va cavando.
Y el fuego se apaga
y no hay oportunidad,
el amor se convierte en congojas.
Y este, cansado, se va
y también se va la aurora,
solo quedan las migajas y pasarán las horas,
y tú te quedarás siempre con ella,
preguntándote una y mil noches
si yo fui tu amor, tu gran amor o tu pena.

17

Háblame, pero háblame

Háblame de tus silencios
y de tus sueños aturdidos,
de tu corazón escondido,
de la conciencia de un verso.

Háblame de tus recuerdos,
de lo que te llevaste en la pasión,
de lo que nunca dijiste.
Háblame, pero sincero,
no con remilgo de aventuras,
no con misteriosos cuentos.

Háblame de tu necesidad,
de lo que sientes muy dentro.
Háblame, pero háblame,
no con la fatiga de un esfuerzo.
Háblame con la verdadera palabra,
con tu realidad, con los hechos.

Háblame sin mesuras ni despechos.
Háblame con libertad,
pero háblame con el pecho,
con la alegría de verte,
con el saludo en tus labios,
con el coraje del viento.

Háblame de tus presiones,
de tus interiores y desechos,
pero háblame sincero,
sin que quede nada dentro.
Háblame de tu ser.
Háblame con tu amor
que este te da el derecho.

18

Tristezas

No tengo que llorar para
saber que estoy triste.

Ni tengo que poner mi alma a prueba
para que reconozca mi dolor.

Tú llegaste como el fuego,
como un rayo que a su luz
las piedras rodó.

Tu primavera, mi primer hechizo,
el invierno con sus dedos largos las secó.

¿Por qué están llorando mis ojos?
¿Por qué está llorando mi alma?

Si sé que nuestro amor se acabó,
si ya no tengo en ti esperanzas,
si ya todo terminó.

19

Secas ramas

Vientos de otoños, dedos secos de árboles
que acarician cual sus manos mis ventanales
y mutilan el silencio de una espera.
Sonidos entrecortados de una pasión dormida,
que acarician cristales, que dan espanto.
Llanto de árboles que se lamentan
al unísono y al compás de mi alma que llora.
Sequedad que recuerda su renacer ya muerto.
Llanto de secos dedos de antiguos árboles,
que sufren con sus quejidos todas sus penas.
Su realidad duele, duele entre sus gritos
al pensar que su verdor se lo llevó un aire frío.
Misteriosas escenas entre mis noches,
se doblegan ante el dolor por su continua queja.
¡Ay que tener un corazón tan duro
para no sufrir los dolores que le apenan!
Pobre árbol que aún espera,
y todavía respira con esperanzas eternas
de que en abril vuelvan a florecer sus verdes savias
para renovar otra vez su piel dormida.
¡Pobre de mí que ni aún en primavera
renacerá el amor que yo perdí un día
que me dejó un adiós, sin una despedida!

20

Piel de lienzo

¿Dónde estás?
¿A dónde has ido?
Es por ti, solo por ti
por quien me desvelo,
son tus ojos negros
los que venero,
tus labios de acero
por los que me muero,
no, no me abandones,
no cierres mi ilusión,
no sueltes mi mano
en este sendero
de dolores y escarcha.
Que se ahoga mi palabra,
llévame contigo,
como el coraje te manda
llévame contigo,
en tus lienzos y tus cabañas,
en las ondas que el aire levanta,
cuando veo llegar tus mesuras,
cuando siento tus amarguras,
cuando palpo tu dolor ¡y no me engañas!
Solo es tu letra la que mi corazón
necesita, solo es tu voz
la que mueve mis montañas.

21

Me voy

Frente al pecho
fundes la cruz con el fuego
hundes tu dedo en la huella
perplejo de dolor, agonizando
toca el corazón que sangra
muere el egoísmo
muere la caracola
las lánguidas noches
los sueños y su persona
muere el valiente
muere el color
muere la aurora.

22

Te persigo en la distancia

Videntes lejanos
a gotas de exageración
vas machacando mis horas
los motivos no se entienden
pero tú los devoras
mi vaso de leerte se desborda
y el reguero de tus letras se amontona
te persigo en la distancia
en las grietas de tu alma, que llora
en las palabras que una a una se acomodan
remolinos oscuros en el viento y en su aurora
sonidos repletos de gargantas que se asfixian
gritos en la guerra tras la nada
crueldad casi unción que embosca al silente
que defrauda y se crece
cubiertas de mundos de apariencias
de envolturas de amapolas
el sol nutre las diáfanas luces como por encanto
y te sumerge en el mar con sus aureolas
manto sísmico que estremece mis entrañas
manto cínico que revive en los abecedarios
aromas de historias, de crueldades narradas
de egoísmos, de esa rebelión que ahoga las almas
que te atrapa en su boca, que destila tus horas
lágrimas rotas que te enlazan, que te lloran.

23

Siempre habrá

Siempre habrá quien a tu verdad le diga mentiras
siempre habrá quien a tus hazañas las niegue su envidia
siempre habrá quien te recoja en su abrazo
siempre habrá quien extienda su mano, quien te ayude
siempre habrá quien ahuyente los terrores del miedo
siempre habrá quien te complique en su aplauso
siempre habrá quien te quite sus lazos
siempre habrá una tierra segura, ¿y quién lo pone en dudas?
para dormirnos en polvo,
siempre con un sol o con una luna.

24

Sentir sin conocer

Conocerte, ¿quién te conoce?
Sentirte, ¿quién te siente?
Conocerte sin sentirte
o sentirte sin conocerte,
como magia que en soledad se revela
tu hechizo llega, ¿quién eres tú?
¿Por qué tengo calor de tu abrazo?
¿Por qué vagas en mis rincones?
Con este deseo se acurruca en mi alma
este padecer que me eternece,
y tu espíritu vuela en la inmensidad de la noche
estremeciéndome en la prisa de tus apariciones
como olas azules movida por la corriente,
profundo tu amor, como la inmensidad de los océanos,
te advierto en sintonía perfecta, pesando en mis ojos,
divina figura, perfecta imagen,
sublime y voraz, tentación que llegas
y tus garras me revuelcan las pasiones,
la sangre hierve y es tu lamento quien quema,
pido al infinito por ti, que llegues,
que no demores más tus vueltas
que mi espera te espera,
que no se compliquen las razones,
pero te contienes en los recodos
de este laberinto de preguntas
donde renacen ganas, se alejan recuerdos fríos
y se alimenta un sueño que da color
a mis necesidades de ti.

25

¿Por qué te alejas?

Cavé en mi mente la memoria tuya,
la hice huella, control de mis horas,
cicatriz en mi alma, línea en mis manos.
Escribiste en mi corazón tu nombre
y lo teñí con colores de aurora y amanecer.
Te has ido con la noche, lejano, triste,
le has robado los deseos a mi vida.
Me he quedado delirante, en las llamas del infierno,
ardiendo la fiebre en mi alma, sin resignación,
aire que respira las sombras del pasado,
abiertas están las puertas de la desesperación,
las penas aprietan mi corazón y mis huesos,
llorando por tu amor estoy… y ahora te vas,
te vas, sin que me quede nada de ti,
me abandonas, me has dejado,
se pudrieron los momentos.
Sin mirar atrás, lo olvidas todo y yo quedo
como un barco perdido en la neblina,
como el sol seca, sin piedad, las gotas del rocío.

26

Nada

Vértigos de incertidumbres
suspiran entre los vientos de mi estancia
recuerdos que se meten en mis venas
celos que queman hasta mis huesos
tuercen de dolor el alma
y siento que no te he importado nada.

27

Siempre

Regresar de nuevo, y este dolor de cabeza
que rasga mis ojos, con necesidades y faltas,
no sé si es dolor o pensamiento que vibra,
que despierta, que desvela, no sé si es pensamiento
o sentimiento impregnado de destellos
que atraen, que se diluyen,
que forman fiestas como estrellas en luna nueva,
ciertas, entre el tumulto de experiencia luminaria,
así te exilas y retornan mis ajadas melancolías
para oxigenarse de mañanas y nostalgias.
Frente a un cuadro en perspectivas,
tus resonancias y mis reflexiones,
se clavan en listones los verbos... a mi pesar
con proclamas al desconcierto,
quietud que emigra, paz que se disturbia.
Mi vida, mi alma, no quiere imaginarte
pero a mi corazón lo abrazas con tu llama.

28

Te vas de mí

Motivo de mi inspiración
te alejas con el crepúsculo,
no quiero que te vayas, pero sé
que otro horizonte adornará tu paisaje,
las riendas del destino
no están en mis manos.
Puedo sujetar mis deseos
pero no puedo aguantar los tuyos.
El hielo congela los efectos, se hace nieve
y la luz trae el recuerdo de su brillo,
de su brillo más puro, su último suspiro
muere y vuelve a nacer
¡pero no queda ya esperanza!

29

Deseos de un sueño

Me paseo entre la irrealidad de un espejismo,
de un recuerdo que da saltos en lo profundo de un sueño,
y te veo entre mis neblinas y escucho la música,
el viento en su compás mueve cortinas con su fuerza,
deja sensaciones, penetra los misterios,
marca lugares conocidos, desconocidos,
queda el sonido sublime como un eco,
la melodía como fondo,
siento cómo tocas también mi alma,
¡que te pertenezco!
a través de tus manos, llegas a mí
y es perfecta tu imagen, ¡deslumbrante!
es mi mente eterna quien te mira en el tiempo,
que te desea, estático, entre los siglos
me muevo con ese deseo antiguo, que te reconoce
frisado en una época vieja, que añora volver.
Que grita por tu amor, que necesita, que le encuentres.

30

Me llevas inconsciente

¿Por qué te pierdo si no te tengo?
¿Por qué mi sueño se aparta de mí?
y entre la oscuridad de mis ojos cerrados...
apareces entre el consciente y el inconsciente
te has metido en mis neuronas, con tu afilada existencia,
y eres un recuerdo que está y no te puedo distinguir,
no sabe pero te conoce, se trasluce a otro plano,
difumina recuerdos que no se concluyen
y quedan estáticos, frenados por el tiempo,
yo sé que estás ahí, tu pensamiento me sacude,
me estremece y no puedo dormir
y en el primer concierto mañanero está tu figura
enarbolando mis espacios, recreándose entre las
sensaciones
que se dispersan, que no puedo atrapar
perdida en las memorias de antiguos recuerdos,
y se materializa solamente en los que percibes,
para dejar la ilusión ciega, dando tropiezos....

31

Nuestra rutina

Una jornada y su sol
las miradas que se buscan
los ojos que se descubren
como el mar y su playa
como pájaro en su nido
tu amor y el mío
como la luna en noche estrellada
y en su día la mañana
tu olvido y mis olvidos
al igual que la aurora a la madrugada
aunque el verano llore en su ventana
hay amargo en la espera
la soledad se ha sentado con la melancolía
y la nostalgia con su rara calidez se siente tan fría
y todas te asaltan el alma
para arrancarte las alas de tu vida
noche vacía, la leña al calor no nos calienta
vacía de tu amor, sin voluntad afina
con frialdad apagas la llama
esa que mata con la distancia
la sendas cercadas por un tiempo
con estrategia, ella te acorrala
te consume en su círculo
dando a tientas los pasos de un ciego
a veces te miente y otras te llora
y vuelves al atardecer cansado

con la rutina que ahoga más al silencio
ese que muere en espera
de un grito, de una voz, de una razón
que transpire el desconcierto
solo los mudos escuchan silencios
solo los silencios fusilan la palabra.

32

Soy así

No me toques con la mancha que riega tu rabia
no quieres enredarme en ese veneno que es tu boca
déjame en la paz que mi pensamiento crea
y no me arrebates, con tus iras, mis plegarias
no soy como tú, nunca seré como tú
tampoco soy de cartón, que se estruja y se rompe
mi alma aunque no la entiendas no hace daño
ni maquina maldades ni me meto en el fango
tengo veredas pasadas y marchitas
pero tengo futuros a montones
con mis rosas y mis sueños
con olores que son buenos
no me importan los valores de etiquetas
no tengo amor a lo ajeno
soy transparencia y cristal
aunque a veces me esconda
para gritar
pero me llama la nobleza
no la infamia de una sociedad
las arrogancias me sientan mal
porque ¿qué final no es el polvo
y que hipocresía no encuentra su mal?
yo no necesito atuendo
ni doblegar mi alma a quien cree tener más
las humillaciones son duendes

que te atraen más bien que mal
al final nada es eterno
y lo eterno... ¿quién lo puede comprar?

33

Corazón

Corazón que te apasionas,
tú que intentas correr y apenas andas,
que vas a tientas como un ciego
que busca la luz y no conoce su gloria,
tú, corazón, que amas y no te aman,
que divagas sin que alguien hoy te escuche,
que lloras tus dolores y a nadie le haces falta.
Tú, corazón, que te consumes
entre recuerdos que te dañan,
que te quitan la calma,
que te corroen, que te matan,
que soportas lo sufrido.
Tú, corazón, que eres valiente y eres cobarde,
que aún le recuerdas entre todos sus olvidos,
tú, corazón, que eres tan mío
que me das la vida, que me brindas esperanzas,
¿por qué muero? Si aún siento tus latidos,
¿por qué yo muero por su amor
si su corazón no es mío?

34

Te debo un día

Te debo un día, de color y aroma,
de siluetas blancas, que paseen la orilla
de ese mar perfecto lleno de armonía.

Te debo un día, de olores fragantes
llenos de azucenas y ternuras de orquídeas,
de lunas plateadas y noches encendidas.

Que mi voz te cante bellas melodías
con mis esperanzas y tu melancolía.

Te debo un día, que tu amor descanse
de quererme tanto, sin mis fantasías.

Te debo un día, de caminar juntos,
de contar estrellas que las borre el día.

Te debo un día, donde solo exista un sueño:
que por siempre seas, tú, el alma mía.

35

Celos

Amor de rabia...
¿amor de qué?
amor de duda
amor que no Ama
¿amor de qué?
amor con posesión
esclavitud por suerte
verbos de agonía
obsesión que amaneces
de noche y sin días
entierras tu invierno
empujándome estacas
con veneno de muerte
y llegas al mismo gaznate
y escupes lo que muerdes
vomitas tu odio
expulsas tu escoria
revientas tus poros
sudas tu fiebre
y tu olor es infierno
acaricias el miedo
y te estanca
te hundes en su hueco
la ira te siembra
te recoge en sus dientes
retuerce el valor

no aguantas
te destrozas
te hundes
te destruyes
te oxidas
te rompes
disparando tus balas
con colores de odio
no tienes piedad
¡mientes!
tu astucia es locura
con rencores, quebrantas
en pupilas que hierven
y te encuentran las sombras
con fantasmas que crecen
olvidando el amor
corrompiendo, cobardes
violando pasiones
violentando el coraje
pariendo calumnias
gritando desiertos
asesinando mi vientre
hades por planta
¡contratos en tumbas!
¡cementerios de mentes!
¿tienes miedo perder...?
y tu miedo te pierde...

36

Conclusión

Cierro las puertas para ti, echo mentiras,
saco piedras rodantes e imaginarias,
inventos maltrechos y difusos pensamientos.
Niego la forma ambigua de hacer daño,
me revelo desde mis plantas hasta mi cielo
y te encierro en las penumbras del desencanto.
Lamento tu espíritu comprometido y triste
que se debate en la furia de su misma rabia,
plegarias de continuas batallas en horizontes muertos
que golpean de maldad las sienes y dañan el alma.
Búscate un digno ejemplar de pasarelas,
de ficciones escritas en el hielo que el aire esparce,
límpiate conmigo tus alas negras,
no me importa por qué complejos embarcas.
Besaré la paz que gravita y araña
y llenaré tus mareas de flores blancas,
inventaré un duende que te descanse.
Que vuele y barra tu niebla oscura.
No se crean palabras del aire
ni el sentimiento se crea para la duda,
para escribir no necesito un verso
ni hago una poesía para quien se crea,
escribo del coraje que me manda,
de la palabra intrínseca que mina y cava,
que domina la astucia y me gobierna el alma.

37

Sin tu luz

Voy con la luz de unos ojos que se pierden,
confunden mis instintos, que luchan por verte,
y el orgullo me ata al recuerdo que duele
por evitarme cobarde la agonía que me miente.

Tengo silencio de horas que me transportan,
que caminan mis caminos de flores secas,
que respiran soledades, que te proyectan,
y yo, ecuánime, con la mejor sonrisa
consigo el ensayo del más grande artista.

Marioneta que se balancea entre sus acordes,
simulaciones vanas, tras un telón de engaño
erguida me muevo, y el dolor me sangra.
Me come la tempestad y parece que vuelo.

Y el mundo baila, con sus trajes de alegría,
mientras yo soy uno que fluye con su máscara.
Pero tengo que reconocer, diluir y perder
para volver a sentir, hallarme para encontrar
y salir del hechizo que me transformó en mitad.

38

Amor para una historia

Yo abrí mis manos para ti, en cada encuentro,
en cada línea te mostré todos mis horizontes,
te enseñé un poco de mí, la aurora de mis sueños,
mis cimas y veredas, mi cielo azul y mis noches en vela,
cada renacer, la eternidad, mi fe, la luz de mi vida.

Y te escapaste, soltándote lentamente
como se diluye el tiempo en la prisa,
te llamé desesperada, gritando tu nombre entre tus mares,
y el eco me lo devolvió en la brisa, solitario, extenuado, sin tus caricias.

Tu transparecia se evaporó entre mis dedos
y sin tu humedad nacieron grietas para secar cada ilusión,
el aroma de tu perfume se confundió entre los aires
y te hallé esperando, con tu vista inerte, entre mil reproches.

Tu tierna mirada, esa que me cautivó el alma
se hace pan de rencor, y las melodías se cantan sin corazón.
Pero contigo voy a luchar, voy a ser para ti,
lo que quieras sin puntos y apartes.
Voy a tenerte para mí, porque eres mi sal y mi suerte.

No te dejaré más, dibujaré para ti soles de buena suerte,
garantías de amor, balcones de emociones que balanceen tus noches,

montañas de fantasías, ilusiones donde tu amor crece,
y tus manos y las mías se unirán más que nunca, para vivir juntos así
hasta que nos separe la muerte.

Y todos los ángeles, divinos, harán un coro por frente,
ya la música de sus cantos será nuestra marcha y su voz,
la fuente de poder de lo invencible, de pasiones que no duermen,
del placer que da el amor.
¡Cuando vive eternamente!

39

La niña de mis ojos

Niña de ojos claros tan azules
que parece al mar robó el color,
de mirada lánguida y dulzona
que ríe y a veces llora,
que grita y se desahoga
y nadie la ama más que yo.

Que juega en cada paso
como si fuera ya... una señora,
tu luz resplandece en la sala
de torbellinos y encantos,
tu figura como un manto
danza, salta, se levanta
como el mar teje las olas.

Eres frágil, tierna y sana,
de aguda inteligencia sobria
y revolotean las ondas
de esa magia que te envuelve.

Manantial de leyendas,
de príncipes y de doncellas
y te duermen las estrellas
que te acunan y te mecen
como a su luna más bella.

Niña de oro y de plata,
niña que eres tan buena
que en mis sueños te agigantas.

Con tu alegría que llora,
por ese brillo en tus ojos
que hechiza, como la aurora.

Niña que te quiero tanto,
amor de todo mi amor,
no me olvides nunca, nunca
llévame en tu corazón,
y que tu camino esté lleno
de las bendiciones de Dios.

40

Me muero por ti

Muero por no estar contigo,
muero, cuando camino, cuando no te veo,
muero en los letargos de otoños,
en las primaveras llenas de inviernos.
Cuando oigo hablar de ti,
muero al soñar, muero despierta,
muero cuando no muero
y muero sin fin
porque solo sé morir si no estás,
porque solo sé morir si no te tengo,
muero cuando río, cuando mis ojos lloran,
muero de celos, de deseos de tu abrazo,
muero si estás, muero porque no te tengo,
muero por tu piel y tu olor,
muero y me muero sin morir,
solo sé que me muero y no siento tu calor,
muero y muero sin exagerar
que me muero aunque pueda respirar,
que me muero de tanto extrañar.
¡Muero, estoy muriendo, sí!
Porque sé que me muero y es por ti,
Muriendo, muriendo, ¡sí!,
solo ¡por sobrevivir!

41

Amarte

Amar es saber que te estoy amando
es amar cuando te amo
es pensarte, es extrañarte
si el tiempo nos divide en su celo
es saber que te respiro
es oler el perfume de la gloria
y en las memorias llevar tu recuerdo
reconocer tu voz
escuchar en el silencio su eco...
es imaginarte, con único consuelo
amarte es juntar todo el amor del universo
y en un jardín conversar los secretos
amarte es mirar las estrellas en la noche
y tocar con mis manos sus destellos
para acercarlos a ti
y verlos brillar en tu pelo
amarte es formar caminos en el aire
es vivir con la idea de un beso
es agitar las olas del mar
a la brisa del encuentro
amarte es tu cuerpo y es mi cuerpo
es saber que estás si no te tengo
es subir al mismo cielo
es mirar en tus ojos lo eterno
amarte es pintar de amor los deseos
es llevarte, en las distancias

abrazarte con el pensamiento
amarte es escuchar los sentimientos
mis sentimientos
tus sentimientos
es mi esperanza y es mi sueño
amarte es acariciar
la piel de tu corazón
es saber que sin él
no nacerían estos versos
es contar contigo hasta en lo incierto
amarte es morirme si no estás
amarte es morirme por tus besos.

42

Contigo en mi soledad

Eres pregunta sin una respuesta,
resisto el efecto de tu ausencia,
el sentimiento te martilla en mis entrañas
con sus golpes,
resuenan los golpes de mi nostalgia.
Mi ansiedad te recrea con pensamientos fijos
que te inventan de mil maneras,
escenas repetidas, que deambulan
entre recuerdos, velados por el tiempo.
Ya no te escucho, solo mi corazon puede hacerlo.
Mi realidad te confunde,
y eres bandera entre mis deseos,
que aflige mi necesidad de ti,
que no descansa, que no da tregua.
La fragilidad corona el sentir,
desmayo en la soledad
que mancha el alma con pigmentos de sus manos
y me ensarta tu imagen que juega como un crío
en mi ronda desesperada de aflicción.
Travesía que derrumba mis ganas.
Albor de una copla que va quemando los suspiros,
módulos incesantes de una espera,
que se rebelan ante una vida que no vivo.
Y tu ruta es mi viaje invadido de poesías,
no me interrogues con ternuras escondidas,
muéstrame que tu predilección es mi lira,

sepárame de este paseo raro y aturdido
y déjame gastar tus horas sin melancolías.
Suelta tu alma aprisionada para que se cubra con mi piel,
deja que te cargue con mis alas el corazón,
que mi manual de hoy se transforme
en el horizonte de tus años.
Escribe en mi diario con tu esencia,
con el sublime descanso de estar contigo,
para que yo sea tu pregunta y tu amor no sea olvido,
déjame respirar la brisa que te canta al oído,
déjame ser tu luz.
¡Y por amor!
¡Quien dibuje tu destino!

43

Rosas de mi invierno

Rosas rojas de mi frío...
de sueños atrapados de un invierno.
Rosas rojas que en su otoño
las rajó un escalofrío
para fulminar tus alas
y dejar dolor y hastío.
Rosas secas te alimentan los recuerdos
que llenaron de fulgor tus días,
terciopelo fue tu traje,
cuando la luz te vestía, el viento fue tu canción.
Bailaste siempre a su son,
su fragancia y su calor te inundaban de armonía.
Rosas secas. ¿No fue el viento helado?
Él solo extraña tu aroma en su respiración.
Cantos de ternuras transmutaron bajo la piel,
estás dormida…
¿Quién palideció tu espera?
¿Qué árido bullicio enmudeció tu canto?
¿Quién arrebató en tu esplendor tu brío?
¿Quién te hizo inerte, desvalida y sin vida?
¿Quién atropelló de ti la más dulce savia?
¿Quién abolió tu cálida presencia?

Perdón, porque amando y por amor
en su egoísmo invadido de agonía
¡no tuvo piedad!
y le arrancó a tu alma el corazón.

Porque admirando tu candor
consiguió revivir lo que, creía, perdía,
se quebrantó una voz, rodó rocío en sus mejillas
y regresó el amor por el que se moría.

Te llevaste con tu adiós
la sonrisa más bella y su alegría,
tu vida se perdió...
y yo... yo recuperé mi vida,
y a mi vida con una flor.

44

Extraño

Te extraño
en mi espera de ti
en la sonrisa que añoro
en los momentos que no sé vivir.
Te extraño en lo incesante que no digo
en la ansiedad que encadena
en la tristeza sin verte
en la nostalgia sin fin
en mi palabra apagada
en la mañana despierta.
Cuando regresas sin mí
voces de imaginación
recados que caminan por tus ojos
que me persiguen aquí
entre cuentos, nacen historias
que solo hablan de ti.

45

Entre cuatro paredes

Tengo un pensamiento entre cuatro paredes,
sin una ventana que me deje respirar y ver la luz,
puedo palpar tu amor y hasta escuchar tus gritos,
pero estos muros de coral, y sus sales
fraguan aún más las ansias, pero no llegan a ti.

En la distancia, como la luna te escondes
entre cortinas de cielo y de mar anochecido
y mis ojos te buscan al alba y a tu faro encendido,
y solo veo el brillo apagado y el cansancio en la espera,
pero no abandonan, ni dan tregua, ni hay fin.

Pentagrama sostenido de bemoles,
acústica que de tanto sonar , enloquece,
Temblorosos vértigos siguen danzando,
que ya no sé si es amor o demente obsesión.

Las desmesuradas ganas me siguen,
batiendo como el viento,
haciendo fuerzas a las puertas y ventanas cerradas
pero no se logran, solo fríos incesantes curtiendo la piel
Y atado a mi recuerdo, la obra en su recuadro
entre cuatro paredes, un pensamiento, mi amor y tú.

46

Callado y mis celos

Mi amor es callado
callado porque callas
es silencio entre silencios
misterio y ausencia
mi amor es tranquilo
mi amor más tierno
¿cuál es tu secreto?
¿por qué no me hablas?
¿dime a quién extrañas?
entre tus silencios.

47

Mi único deseo

Para que pueda olvidarte
no sé qué haré con mi vida
qué elementos juntar
que me alivien el vicio
estas ganas insoportables
de hacer una cita
este deseo insatisfecho
que me come el cerebro
que se agita en mi aurora
y da frutos y veneno.
Sufrir tu ausencia
es más larga que la espera
es más temible que el océano
más cruel que el alba enferma
pasa la vida
una vida contigo y sin ti
una vida que solo piensa por ti
creí que era fácil
que te irías como el sol al atardecer
yo imaginé que otro amor
te podría dividir
pero pasa y pasa mi vida
y no hay nada que hacer
¿qué le hiciste a mi alma?
¿qué engendraste en mi ser?
que es mi condena no verte

y cuando te veo, perder
dime cuál es tu secreto
amor de tormentos sin fin
ternuras que circulan
hasta hacerme enloquecer
llevas tanto de mí
que el día que muera
aunque nunca sepas por qué
morirá algo de ti.

48

Amor destructivo

Querías verme rabiar en mi desconsuelo,
querías disfrutar cuando sabías que respiraba
los aires de los abismos,
querías morderme más el alma
hasta que desangrara,
querías repartir el daño que te hice
sin buscarlo,
hacerme tragar tu polvo,
hacerme sentir infame,
sí, querías que muriera implorando perdón
para gozar las ganancias de mis equivocaciones,
querías fulminarme en un segundo
para poder ir a mi entierro
y echar tierra a mis huesos ya secos,
secos de inanición, desfallecidos de debilidad,
tenía razón… siempre supe que no me querías,
tenía razón… mil veces te dije que no te sentía.
Pero hoy decidí seguir a tu silencio,
olvidar los recuerdos, restar los momentos,
hoy decidí que no existen futuros
si los rencores se estrechan,
si se oyen consejos,
si en tu soledad te manipulan,
beneficioso oír a los buenos,
los dichosos que no se equivocan,
¡sí! hoy decidí que si para ti estoy muerta

para otros sigo viviendo.
Un día comprenderás que a pesar de mis locuras,
de mis delirios, mi bipolarismo y mis celos,
no habrá en esta tierra quien mejor te entienda
pero es igual, sigue tu camino,
que te ilumine otra estrella,
que al final de la senda,
cuando tus ilusiones se vayan,
verás con tus ojos que aquella
que se moría de angustia,
que gritaba por escuchar tu voz,
que gritaba por mirarse en tus ojos,
era la única, era la exacta,
pero, tú, arrogante, el de la razón, el mejor,
no tenías corazón, lo escondiste para no perdonar,
ignorabas más aun,
como si el amor fuera juego de niños,
me despreciabas, despojándome,
pisándome como el fango,
viejo truco que no siempre funciona.
Era el amor de tu vida y no lo sabías,
yo que no veía en ti defecto,
la que mejor te conocía,
la que a pesar de los llantos
era quien más te quería.
Ya no volveré a soñar,
ya los días me pesan,
pero mi conciencia es maestra
y ganaré en esta vida,
pero para entonces

ya será demasiado tarde.
Y tendrás quien te alumbre tu camino,
quien te dé lo que siempre soñaste,
pero no al amor verdadero,
la que te amó con su alma,
con corazón, con su vida,
ya no estará a tu lado
y quizás te haya olvidado,
o quizás algún día pueda lograrlo,
puede que no, pero nunca podré entender
el dolor con que, sin piedad,
has sentenciado mi vida.

49

Tú eras lo que esperaba

Tú eras la suerte que necesitaba
lo que busqué desde el día en que nací
la esperanza que había abandonado con los años
tú eras mi sueño engavetado
el misterio de lo imposible
te había buscado tanto, tanto
que me había abandonado en el cansancio
pero un día inesperado
al comenzar la primavera
en el mes de las flores
en nuestro abril
apareciste como por encanto
y yo pude ver en tus ojos mi porvenir
pero pasó el tiempo
y no supe cuidarte
y no supe amarte
llegaste a mí
quizás demasiado tarde
y eras tú, siempre
mi alma gemela, mi doble de amor
con tu timidez mi hechizabas
con esa inocencia tan pura
me robaste mi amor
y así llegaste
abriendo las puertas de mi alma
para quedarte...

pero te alejé…
y con dolor en el alma
me fuiste soltando
siempre serás...
mi brillante escondido
la esperanza de la estrella que me guía
mi resplandor, mi mejor melodía
y era tanta tu bondad que me confundiste
y mis ojos no acostumbrados
a la nobleza de tu luz quedaron ciegos
porque tu alma era pura
y a la mía la bañaban los infiernos.
Nunca supe conocerte
nunca supe amarte
pero lo que siempre sabré
es que ya nunca podré olvidarte.

50

Carta de despedida

No trates de ocultar tus errores añadiéndome males, que estos sobran de ambos lados. Ni creas que me tienes en tus manos; aunque en alguna ocasión lo haya comentado, porque desde ese mismo momento que creíste que me podías ya empecé a soltarte, y aunque mi respiración se ahoga y el corazón se parte, nadie va a lograr que odie la vida.

Empezaste suavemente a envenar mis caminos con palabras de consuelo que me incrustan contra las paredes y siempre tratas de encontrar faltas en mis debilidades. No entiendes, sentado en el tribunal como los jueces no pareces ser lo que eres; pero, aunque he callado, no volveré a soportar más desplantes y actitudes de orgullo. El cansancio ha llegado, la rutina de alguien que regaló su alma y que su realidad no le da esperanza.

Entiendo los motivos de tus intereses y no formaré parte de tantas angustias que ahogan mi alma. Me abandono sin reclamos. Llegará alguien que algún día sepa quién soy, y sin prejuicios ni intereses encontrará las virtudes que desprecias. Lamento todo mi tiempo perdido, mis horas consagradas a la persona que busca vivir en la soledad de los olvidos.

Mi esencia es más que cuatro paredes, porque tengo sueños y los realismos llenos de depresiones no me convencen. No soportaré más agregar a mi vida ilusiones marchitas.

Desprecios con desprecios se pagan. Grita a los cuatro vientos mis errores, pero mírate un poco por dentro y equilibra los límites de mi paciencia. El reloj se paró, la cuenta llegó a cero.
Nada es eterno. Siempre habrá quien ponga atención a tus palabras, pero el tiempo es el mayor testigo.
Al final estarás aliviado, y podrás reconciliarte todos los días con tu almohada de turno. Ya no temeré los delirios de los alucinantes ni los errores que añaden desconfianza.
Lo obsesivo tiene un principio y se acabó a las seis de la tarde; ni al más confiado de los mortales le llegaría tal ceguera. Y yo he estado ciega hasta hoy. He de dejar lo que nunca me tuvo ni supo valorar lo que le entregaba, la mejor manera de abandonar es saber que has perdido. Mil veces dije adiós con la emoción, pero hoy te digo adiós con el corazón. Que seas feliz.

Acerca de la autora
Merlys D. Corpas

Pintora y muralista cubana, reconocida por el uso intenso de los colores y la variedad de estilos. Sus pinturas han sido presentadas en varias exposiciones personales y colectivas en Estados Unidos. Sus cuadros se encuentran en colecciones privadas de Estados Unidos, España y América Latina.

Compositora y realizadora de videos. Ha sido productora de televisión de varios programas, como por ejemplo: CASO CERRADO.

Te dije mil veces adiós y Carta de Despedida es su primer libro de poesía publicado. Su blog "¡Versos y poemas de amor!

Merlys Corpas" es muy popular entre los amantes de la poesía.
Su experiencia multifacética en diferentes ramas del arte le ha permitido incursionar en una novedosa modalidad de arte que pudiera llamarse "poesía multimedia" donde se combina música, imágenes y versos creando nuevas experiencias para el lector. Sus videos en YouTube han conseguido más de un millón de entradas.
Nació y creció en Cuba. Vivió en España. Actualmente reside en Miami.

Indice

www.ingramcontent.com/pod-product-compliance
Lightning Source LLC
LaVergne TN
LVHW050939080826
845145LV00004B/1325

* 9 7 8 1 6 1 3 7 0 9 7 8 8 *